HISTOIRE
DE
SAINT SÉBASTIEN

PAR

L'abbé PHILIPOTEAUX

Curé de Montigny-Lengrain, diocèse de Soissons et Laon (Aisne).

PARIS
IMPRIMERIE RENOU ET MAULDE
144, RUE DE RIVOLI, 144.

1871

IMPRIMATUR.

Suessione die 29 aprilis 1871.

✝ JOANNES-JULIUS.

Episcopus. Suess. et Laud.

AVANT-PROPOS

AVANTAGES DE CONNAITRE LA VIE DE SON SAINT PATRON ET DE CÉLÉBRER SA FÊTE

Quelle belle, quelle pieuse et utile pensée l'Eglise a eue de donner à chaque enfant de la grande famille des chrétiens, aussitôt après sa naissance, un saint patron, une sainte patronne, dont il portera le nom, dont il devra connaître la vie et suivre les exemples ! Il en a été de même de chaque Eglise naissante : avant que les murs du lieu saint ne fussent élevés, on savait sous le patronage de quel citoyen du ciel ils allaient être consacrés.

Si les particuliers doivent connaître leur patron, les églises leur protecteur et leur père, pourquoi les membres d'une confrérie ne connaîtraient-ils pas la vie du saint sous la protection duquel ils viennent se remettre en entrant dans cette confrérie ? Oui, ceci est très-avantageux, et voilà pourquoi je me suis efforcé de réunir en un tout petit volume les principaux traits de la vie du glorieux martyr saint Sébastien, et de présenter cette vie de dévoûment et d'abnégation à la méditation des nombreux membres de sa confrérie. Prenez et lisez cette vie, leur dirai-je, et vous éprouverez, en la lisant, j'en suis sûr, comme je l'ai éprouvé moi-même en l'écrivant, un redoublement de courage dans le service de Dieu, en voyant celui qu'a déployé notre commun patron, et pendant toute sa vie, et surtout à sa mort.

Aujourd'hui dans notre siècle d'indifférence religieuse, quelle est la solennité la plus populaire, celle qui met en mouvement toute une population, tous les membres d'une association, d'une confrérie ? N'est-ce pas la fête patronale ? C'est là le grand jour, le jour de joie et de bonheur pour tous, attendu avec impatience, et toujours revu avec une nouvelle émotion ; reste précieux, témoignage certain de la confiance et de la dévotion générales qui ont toujours existé envers les patrons. Et, n'hésitons pas à le reconnaître et à le dire, malgré les abus affligeants qui règnent dans ces solennités, elles sont encore un jour de foi, un jour de grâces pour les membres d'une confrérie, et un jour de gloire pour Dieu. Cet attachement populaire pour la fête patronale, tout imparfait qu'il est, est un dernier anneau par lequel les plus indifférents tiennent encore à la société des saints; c'est la mèche encore fumante qu'il ne faut pas éteindre; c'est le fil prêt à se rompre qu'il ne faut pas couper, mais qu'il faut fortifier par tous les moyens possibles; c'est pour plusieurs l'ancre de salut réservée par la Providence pour soutenir en eux le vaisseau de la foi qui menace de s'engloutir; c'est une étincelle, mais une étincelle qui peut produire encore un grand embrasement. Que voyez-vous en ce jour? Tous, ou presque tous, même les plus indifférents, accourent à l'assemblée des fidèles. Plusieurs n'avaient point paru dans le lieu saint, ou n'y avaient apparu que bien rarement dans le cours de l'année; et aujourd'hui, ce n'est pas la piété, ce n'est peut-être même pas la foi qui les y conduit, c'est un reste d'habitude, ou l'entraînement général; mais enfin, ils sont venus, et ils vont être témoins encore une fois de ces cérémonies saintes et majestueuses qui feront d'autant plus d'impression sur eux qu'ils ne les ont pas vues depuis longtemps. Ils vont entendre cette parole de Dieu, qui, comme un glaive à deux tranchants, pénètre jusqu'à la moelle des os; si elle ne convertit pas, elle ravivera plus que vous ne pensez, plus que vous ne le verrez, cette foi qui allait faire naufrage; ils vont entendre, par une bouche nouvelle, le récit simple et touchant des vertus admirables du glorieux patron qui a passé en faisant du bien aux autres et en s'oubliant lui-même. Et comment le cœur se refuserait-il à l'admiration, à l'estime et à l'amour de cette religion qui a produit de telles merveilles, de tels exemples ? Ils vont être témoins de ce mystérieux sacrifice, le même que celui du Calvaire, auquel un centenier païen n'assista pas sans se frapper la poitrine, en s'écriant : « Celui-ci était vraiment le Fils de Dieu !!! » Ils verront les fidèles, leurs frères dans la foi, prosternés avec recueillement, adorant avec amour, priant avec confiance et ferveur, et quel que soit l'empire du respect humain, ils se prosterneront aussi; et s'ils n'adorent pas, si la prière expire sur leurs lèvres, si leur cœur ne forme pas encore de pieux désirs, bien des pensées agiteront leur âme, elles seront toujours salutaires; bien des cris s'élèveront de leur conscience, et s'ils ne sont point écoutés, s'ils sont rejetés comme importuns, l'impression n'en aura pas moins été faite, elle produira son fruit; c'est le grain de sénevé déposé dans la terre, c'est le levain qui fermente.

Il est donc utile et avantageux de connaître la vie du saint patron, et de célébrer sa fête.

HISTOIRE

DE

SAINT SÉBASTIEN

SA VIE. — SES RELIQUES. — SES CONFRÉRIES

PREMIÈRE PARTIE

VIE DE SAINT SÉBASTIEN

CHAPITRE PREMIER

LIEU DE SA NAISSANCE, SON ÉDUCATION

Saint Sébastien naquit à Narbonne, grande et ancienne ville de France, chef lieu de la première Narbonnaise, ou de la Gaule narbonnaise, située sur le canal de l'Aude dans le bas Languedoc, port de mer sur la Méditerranée, entrepôt des armées romaines qui passaient d'Italie en Espagne, et l'un des plus puissants boulevards de l'empire romain contre les nations barbares.

Sous l'ère chrétienne, Narbonne a été encore pendant très longtemps une ville très-importante; elle était le chef-lieu de la province ecclésiastique, et avait le titre d'archevêché. Son archevêque dominait tous les évêques de la Catalogne, et prenait le titre de primat.

Le père de saint Sébastien était un noble citoyen de l'ancienne, illustre et splendide Narbonne, où il était né. C'était un valeureux chef dans les armées romaines, et, dans ses expéditions à la tête des troupes de l'empire, il épousa, étant à Milan, une jeune personne appartenant à une famille distinguée de cette grande ville; peu après, il revint avec elle à Narbonne, où naquit notre saint, vers l'an de l'ère chrétienne 262.

Bientôt après la naissance de Sébastien, son père fut rappelé au service de l'empereur, et, en partant pour les armées d'Italie, il reconduisit sa femme à Milan, dans sa famille, avec leur petit enfant, le jeune Sébastien. Pour lui, il continua de marcher à la tête des troupes, où sa présence était nécessaire à cause du grade important qu'il occupait.

Pour la mère, elle se fixa à Milan au sein de son honorable famille avec son enfant; elle le nourrit elle-même, l'éleva et veilla avec une grande sollicitude à son éducation; aussi le jeune Sébastien devint-il en peu de temps le modèle de toutes les vertus. Les parents, les amis et toutes les personnes du voisinage et de la ville entière qui le voyaient dans son petit berceau, ou sur les bras de sa tendre et soigneuse mère, ne pouvaient s'empêcher de s'écrier dans leur admiration : « Quel bel enfant ! » tant il avait une charmante figure et paraissait jouir d'une excellente constitution.

Aussitôt que l'âge le lui permit et qu'il en fût capable, le jeune Sébastien fréquenta assidûment les cours d'instruction et se livra avec une ardeur incroyable à l'étude ; aussi fit-il de rapides progrès dans toutes les sciences, et, malgré sa grande supériorité sur tous ses condisciples, il fut toujours humble, modeste et charitable, et cette charité, cette politesse, cette douceur, jointes à tant d'autres qualités précieuses, qui formaient en lui un ensemble si parfait et si rare, lui avaient mérité de la part de tous ses camarades une affection sans bornes, une confiance aveugle et un respect profond qui lui donnèrent sur eux une salutaire influence. Tous ceux de ses condisciples qui se conduisaient le mieux s'encourageaient par des vertus si douces et si aimables ; ceux qui désiraient sortir d'un état de paresse, d'espièglerie et d'insouciance, qui leur avait fait négliger leurs devoirs d'étude, s'attachaient à lui, et, tant qu'ils le fréquentaient, leur conduite prenait un caractère de régularité et de courage dont il était facile à leurs communs maîtres de s'apercevoir. Ceux dont la conduite avait mérité des reproches, n'ayant pas le courage de le prendre pour modèle, le choisissaient, du moins, pour être leur conseil, et faisaient de lui le confident des peines que leur conduite irrégulière leur avait attirées. Jamais dans ces sortes d'occasions, Sébastien ne partagea leurs plaintes ni leurs mécontentements; mais il les reprenait avec douceur et affabilité, leur faisait sentir leurs torts, et se servait de toute son influence pour les porter à s'en corriger, tant il aimait déjà à exercer cet apostolat, qui, plus tard, vaudra le salut à tant d'âmes, et à lui la couronne du martyre.

Mais si le jeune Sébastien avait de la charité et de l'affection pour ses camarades, c'était surtout pour sa bonne mère qu'il ressentait toute la tendresse du cœur; le moindre de ses désirs était pour lui un ordre, et il n'avait de bonheur qu'auprès d'elle. Cependant le moment de quitter ce cher objet de sa tendresse filiale était arrivé; son père, toujours à la tête des armées, arrive à Rome, et là, il fait appeler son fils auprès de lui. Sous la république romaine comme sous les empereurs, tout enfant d'officier était tenu au service militaire dès le plus jeune âge; tel fut à cette époque saint Sébastien, tel a été plus tard saint Martin. Il fallut donc pour Sébastien quitter sa vertueuse mère, ses parents, ses amis d'enfance, en un mot, tout ce qu'il avait de plus cher; car il était incapable de résister à la volonté d'un père, dans laquelle il ne voyait que la volonté de Dieu; et quelque pénible que lui ait paru l'accomplissement de cet ordre, il partit de Milan pour Rome en 280; il avait alors près de dix-huit ans.

CHAPITRE II

IL EST SOLDAT, SON ZÈLE POUR LA RELIGION

Dès son arrivée dans la Ville éternelle, le jeune Sébastien, qui avait été élevé sous la surveillance de sa pieuse mère qui, sans doute, était chrétienne, se montra lui-même fervent disciple de Jésus-Christ et ardent propagateur de la foi ; toute son ambition était de sauver les âmes, de travailler à son salut et à celui du prochain. Mais son père, encore païen, n'avait en vue pour son fils que la gloire militaire, c'était là toute son ambition à lui, c'était là son unique but ; aussi allait-il exiger de ce cher fils un bien pénible sacrifice : il le fit enrôler dans les troupes de l'empire. Quelque répugnance qu'il eût pour l'état militaire, Sébastien ne laissa donc pas de prendre parti dans les armées de l'empereur Probus, avec son père et sous sa conduite. En se faisant soldat, il avait dessein d'être plus à portée d'assister les confesseurs et les martyrs dans leurs souffrances.

L'occasion d'exercer le zèle de notre jeune apôtre ne tarda pas à se présenter. Marc et Marcellin, deux frères, nobles chevaliers romains, venaient tous deux d'être condamnés à mort pour la foi. Leurs familles, dans l'espoir de leur faire abjurer la religion catholique, de les ramener au paganisme en les décidant à sacrifier aux dieux de l'empire et à mériter par ce moyen leur grâce, avaient obtenu que la sentence ne serait exécutée qu'au bout de trente jours, s'ils persévéraient dans la foi de Jésus-Christ; sinon, en sacrifiant ils rentreraient dans leurs places et dans leur fortune. Déjà ces deux généreux confesseurs, fermes jusque-là, commençaient à se laisser attendrir par les larmes de leurs amis, de leurs parents, de leurs femmes désolées, qu'ils abandonnaient dans la misère, et de leurs pauvres petits enfants qu'ils rendaient orphelins et dénués de tout; enfin l'un et l'autre paraissaient presqu'irrésolus sur la conduite qu'ils devaient tenir. Sébastien apprend ce qui se passe, et, alarmé du péril que courent les deux confesseurs, il vole à leur secours, arrive à la prison, et, par un discours plein de feu, ranime leur courage, console leurs femmes, leurs enfants et toutes les personnes qui leur portent intérêt. Pendant que Sébastien parle, une lumière céleste et resplendissante apparaît tout à coup et illumine miraculeusement toute la prison. Tous les assistants sont tellement touchés du miracle et des paroles de saint Sébastien, qu'ils se déclarent tous chrétiens. Parmi eux était la femme de Nicostrate, premier greffier de la préfecture et chargé de garder les prisonniers condamnés à mort. Cette femme, nommée Zoé, avait depuis six ans, par suite d'une forte maladie, perdu l'usage de la parole. A peine

Sébastien eut-il cessé de parler qu'elle vint se jeter à ses pieds, tâchant de lui faire connaître par signes ce qu'elle désirait. Le saint n'eut pas plutôt fait le signe de la croix sur sa bouche, qu'elle parla très-distinctement. Zoé, pleine de reconnaissance, veut être instruite de la religion chrétienne; son mari, Nicostrate, imite son exemple; ils sont admis avec tous les parents et amis de Marc et de Marcellin, comme aussi le geôlier Claude et seize autres personnes. Nicostrate conduit tout ce monde dans sa maison, où ils furent instruits par saint Sébastien et par un saint prêtre nommé Polycarpe, qui, ensuite, les baptisa tous.

Sur ces entrefaites, Chromace, préfet de Rome, apprit que Tranquillin, père de Marc et de Marcellin, avait été guéri de la goutte en recevant le baptême; comme il était cruellement tourmenté par cette même maladie, il résolut de se faire instruire de la religion chrétienne, afin d'obtenir par le même remède une guérison semblable. Sébastien qui apprit cette résolution, se rendit à son palais, lui donna les instructions nécessaires, puis le fit baptiser par le pape Caïus avec son fils Tiburce, et à l'instant, il fut guéri. Cet homme généreux et reconnaissant, frappé du miracle qui venait de s'opérer en sa faveur, ordonna qu'on mît en liberté tous les prisonniers nouvellement convertis; après quoi, ne pensant qu'au salut de son âme, il affranchit tous ses esclaves et se démit de sa place.

L'empereur Probus ayant été tué en Illyrie

vers 281, eut pour successeur Carus, qui ne régna que deux ans, puis ce fut Dioclétien qui arriva à l'empire, et, l'année suivante, il y associa Maximien-Hercule.

Quoique ces deux empereurs n'eussent point publié de nouveaux édits contre les chrétiens, les magistrats de Rome ne laissèrent pas de continuer la persécution la plus acharnée. Sébastien, malgré son jeune âge, occupait déjà un poste important dans les troupes. Dioclétien ne fut pas plutôt arrivé dans la capitale qu'il sut apprécier le mérite de notre jeune officier. Il conçut la plus grande admiration pour son courage et sa vertu, et voulut l'attacher à sa personne; ce fut pour cela qu'il le créa le chef, ou le capitaine de la garde prétorienne, c'est-à-dire, de la garde impériale ou garde du corps, poste alors très-important, qui ne se conférait qu'aux militaires du premier mérite et de la première noblesse. Ce prince étant allé en Orient, son collègue, qui resta en Occident, eut aussi pour notre jeune capitaine une estime toute particulière ; mais ces deux princes ne savaient ni l'un ni l'autre que Sébastien était chrétien.

Vers le même temps, Chromace, l'ancien préfet de Rome, demanda à Maximien la permission de se retirer à la campagne, ce qui lui fut accordé ; il emmena avec lui plusieurs nouveaux convertis. Il s'agissait de trouver quelqu'un qui pût les accompagner et achever de les instruire. On jeta les yeux sur Sébastien et sur le prêtre Polycarpe; mais on ne savait lequel choisir, parce que ces deux saints voulaient l'un et l'autre rester à Rome, où ils avaient une espérance plus prochaine de répandre leur sang pour Jésus-Christ. L'impossibilité où l'on était de terminer une contestation occasionnée par le zèle et le désir du martyre fit que l'on s'adressa au pape saint Caïus. Le Souverain-Pontife, en homme judicieux, décida en faveur de Sébastien, qui, par l'importante place qu'il occupait, était beaucoup plus en état dans Rome de défendre l'Eglise, de soutenir les confesseurs, de les protéger pendant la persécution, et même de les soustraire au glaive des bourreaux.

En effet, le feu de la persécution s'étant rallumé avec plus de violence que jamais, l'an 286, le Pape et les autres fidèles, par l'entremise de Sébastien, se cachèrent dans le palais même de l'empereur. Notre saint les avait fait placer dans ses propres appartements et dans ceux d'un autre officier de la cour, qui, comme lui, était plein de zèle pour la religion chrétienne qu'il professait depuis quelque temps. Sébastien l'avait converti, instruit et fait baptiser par le Pape. La femme de Nicostrate, Zoé, dont nous avons rapporté la conversion et la guérison miraculeuse opérée par notre saint et zélé confesseur, fut arrêtée la première de la petite société. Elle était allée prier sur le tombeau de saint Pierre le jour de la fête des saints apôtres Pierre et Paul. Les persécuteurs la surprirent dans ce pieux exercice, et après lui avoir fait souffrir toutes sortes de tourments, de tortures, ils la suspendirent par les pieds sur un feu dont la fumée la suffoqua. — Tranquillin, malgré son grand âge, crut qu'il était indigne de lui de paraître moins courageux qu'une femme; il alla donc prier sur le tombeau de saint Paul, où la populace se rua sur lui, le saisit, l'accabla de mauvais traitements, de sarcasmes et d'injures, et, après l'avoir traîné par les rues, et en avoir fait son jouet pendant plusieurs heures, elle le lapida. Nicostrate, Claude, Castor et Victorin furent pris aussi. On les appliqua trois fois à la question afin de les faire, à force de tortures, renoncer à leur religion ; puis, étendus sur le chevalet, on leur déchira les chairs avec les lames, les tenailles et les crochets de fer ; après quoi on les jeta dans la mer. Le jeune Tiburce, fils du préfet Chromace, ayant été trahi par un faux frère, fut pris et décapité, après avoir enduré toutes sortes de supplices. Castule, qui avait été découvert par le même traître, fut étendu sur le chevalet et en souffrit toutes les tortures par trois fois, puis on l'enterra tout vivant. Avant tout cela, les deux nobles chevaliers condamnés à mort, Marc et Marcellin, furent tourmentés, puis cloués par les pieds et pendus à des poteaux, où ils restèrent vingt-quatre heures en cet état, et, comme ils ne mouraient point, on les tua à coups de lance.

CHAPITRE III

SON DOUBLE MARTYRE

Sébastien, qui avait envoyé tant de martyrs au ciel, soupirait après le moment où il leur serait réuni; ses vœux ne tardèrent pas à être exaucés. L'empereur Dioclétien ne fut pas plutôt de retour à Rome de son voyage en Orient, qu'il apprit que Sébastien était chrétien, il le fit demander. Aussitôt qu'il parut en sa présence : « Comment, lui dit-il, Sébastien, serait-il vrai que vous n'adorez pas les dieux de l'empire? — Prince, lui répond le généreux capitaine, j'adore le vrai Dieu, le Créateur du ciel et de la terre et notre Maître et Seigneur à tous, et je professe sa religion que j'ai le bonheur de connaître. — Quoi! vous êtes chrétien ! s'écrie l'empereur, vous êtes donc un ingrat? moi qui vous ai comblé d'honneurs, qui vous ai placé à la tête de ma garde, vous en qui j'avais mis toute ma confiance et mon affection!!! — Seigneur, interrompt Sébastien, je n'ai nullement démérité auprès de vous, je suis toujours le même, toujours prêt à donner mon sang et ma vie pour votre service et pour la défense de votre personne; mettez-moi à l'épreuve, et vous verrez que je ne suis nullement un ingrat, mais un fidèle sujet comme je l'ai toujours été ; ma religion, du reste, me l'ordonne. — Renoncez à cette religion, lui dit Dioclétien devenu furieux, sinon vous devenez l'objet de mon indignation, et je vais vous faire mourir dans les plus cruels tourments. — Jamais, prince, reprit Sébastien, je ne renoncerai à ma religion, qui est la seule vraie, et si je ne peux, en vous servant, servir mon Dieu, je renonce à tous les honneurs et à tous les avantages de la fortune, et faites de moi ce qu'il vous plaira. — Dioclétien ne se sentant plus de rage, et craignant toutefois une révolte, si le supplice de Sébastien était connu par le peuple, et surtout par les soldats de la garde prétorienne, qui aimaient et vénéraient leur jeune chef, fit venir une cohorte d'archers de la Mauritanie, qui se trouvait en ce moment à Rome. Ces étrangers se saisirent de notre généreux confesseur, et, après l'avoir couvert d'insultes et de toutes sortes d'avanies, le conduisirent garotté dans un lieu écarté hors de Rome ; là, ils l'attachèrent à un arbre et le percèrent à coups de flèches, le laissèrent pour mort sur la place et revinrent rendre compte de l'exécution à l'empereur, comme il leur en avait donné l'ordre en leur livrant le saint martyr.

Cependant Irène, noble dame romaine, veuve du saint martyr Castule, étant venue le soir en cet endroit désert pour faire enterrer le saint martyr, le trouva encore vivant ; aussitôt elle le fit emporter secrètement dans sa maison, où, en peu de temps, par ses soins, il recouvra une santé parfaite. Sébastien, au lieu de se cacher ou de se retirer à la campagne comme les chrétiens l'y exhortaient, alla se placer un jour sur l'escalier même par où l'empereur devait passer en allant au temple, et avec un ton d'autorité que lui donnait son courage, il lui représenta avec beaucoup de force l'injustice de sa prévention contre les chrétiens, qui se faisaient un devoir de prier pour la prospérité de son règne et de lui garder une fidélité inviolable. Dioclétien surpris de cette liberté, le fut encore bien davantage lorsqu'il reconnut Sébastien qu'il avait cru mort. « Quoi ! s'écria-t-il, c'est toi, malheureux, qui oses encore.... — Oui, oui, interrompt le généreux martyr, oui, c'est moi, prince, qui ose vous tenir ce langage, qui est celui de la vérité. — Otez-le de devant mes yeux, dit l'empereur aux gardes qui l'environnaient. Et sur-le-champ, il le fit prendre de nouveau et traîner de suite dans le cirque ou hippodrome attenant au palais, et, là, il le fit assommer en sa présence à coups de bâton, et jeter ensuite dans le grand cloaque qui était au bout du cirque. Après cette seconde exécution, c'est-à-dire, ce second martyre souffert par notre saint, l'empereur fit publier que Sébastien avait été mis à mort pour avoir déserté, et aussi à cause de son attachement à la religion chrétienne et de son mépris pour les dieux de l'empire. Ce second martyre fut enduré par notre illustre confesseur, le 20 janvier de l'an 288, dans la vingt-sixième ou dans la vingt-septième année de son âge.

Les peintres représentent saint Sébastien dans une jeunesse florissante, sous la forme d'un jeune officier, comme nous le rappelle son histoire, et comme il est représenté dans la verrière au-dessus de l'autel de sa chapelle, qu'ont fournie à l'église de Montigny-Lengrain, en 1869, MM. Maréchal et Champigneulle, peintres-verriers de Metz en Lorraine : c'est une figure angélique, pleine de résignation et magnifique ; j'aime aussi à le voir comme il est peint sur l'image provenant des ateliers de MM. Bouasse-Lebel, de Paris, image qui se donne comme souvenir à toute personne qui se fait recevoir de la confrérie à perpétuité.

Saint Sébastien a toujours été honoré comme un des plus grands saints et des plus illustres martyrs de l'Eglise d'Occident, et la ville de Rome l'a toujours invoqué comme un de ses plus puissants patrons après les apôtres saint Pierre et saint Paul. Après son martyre, une dame chrétienne, nommée Lucine, fit retirer secrètement le corps de saint Sébastien du cloaque où l'avaient jeté les idolâtres ses bourreaux. Elle le fit enterrer à l'entrée d'un cimetière souterrain, aux pieds des apôtres saint Pierre et saint Paul. Ce cimetière, qui était anciennement celui de Calixte, s'appelle depuis longtemps : *Les Catacombes de Saint-Sébastien.* L'église de notre saint, bâtie en son honneur par le pape Damase, à l'entrée de ses catacombes, et que l'on a eu soin de réparer de temps en temps, est une de celles que l'on visite à Rome par dévotion. La Toscane reçut des reliques du saint martyr dès avant le pontificat de saint Grégoire le Grand. Quelques églises de Rome en furent aussi enrichies ; mais la majeure partie de ce précieux corps resta dans la crypte, ou église des Catacombes de Saint-Sébastien, jusqu'en 826, époque où l'empereur de France, Louis le Débonnaire, obtint du pape Eugène II la permission de les faire transporter à Saint-Médard de Soissons. Nous allons, dans la seconde partie de cet ouvrage, raconter l'histoire de cette merveilleuse translation, que nous donnons presque tout entière, d'après les Annales du diocèse de Soissons, par l'abbé Pêcheur, tirées elles-mêmes des auteurs presque contemporains des événements. Aussi, le fond de cette histoire nous paraît-il incontestable. Toutefois, nous ne prétendons pas garantir la parfaite exactitude de certains détails.

SECONDE PARTIE

RELIQUES DE SAINT SÉBASTIEN

L'abbaye de Saint-Médard de Soissons était l'abbaye la plus importante de toutes les Gaules, et même de tout l'Occident : ses religieux, et surtout ses abbés, étaient les premiers seigneurs de France, et ce fut sous son abbé d'alors, Hilduin, qui avait succédé, en 817, à Hugues, frère de Louis le Débonnaire, que Saint-Médard atteignit l'apogée de sa gloire. Cet abbé était un homme d'un grand mérite et l'un des principaux conseillers de l'empereur Louis; il était rempli de probité, doué de beaucoup de sagacité et de finesse, recommandable par sa justice et sa piété. Quelques démêlés étant survenus entre l'empereur de France et le pape Eugène II, ce fut l'abbé de Saint-Médard qui fut chargé d'aller près du Saint-Père pour rétablir la paix. Hilduin partit donc pour l'Italie avec Lothaire, fils aîné de l'empereur, et il sut si bien, en cette occasion, gagner les bonnes grâces du Pape, qu'il en obtint tout ce que désirait l'empereur, et aussi beaucoup de priviléges pour sa chère abbaye de Saint-Médard, pour laquelle ce saint abbé avait une prédilection toute particulière, à cause de sa régularité et de son école alors si renommée pour les sciences ecclésiastiques; aussi n'épargnait-il rien pour en faire le premier monastère du monde, en opulence, en piété et en science. Il y avait mis pour prévôt, Rodoïn, homme très-fin, très-adroit et très-érudit, qu'il préférait à tous les autres prévôts de ses monastères. L'empereur Louis, qui connaissait l'habileté et la finesse de Rodoïn, lui donnait, en particulier et en public, des marques de son estime, lui accordait tout ce qu'il croyait être utile, à lui ou à son monastère, et l'admettait dans ses conseils secrets avec Hilduin. Celui-ci étant de retour de son ambassade à Rome, où le pape Eugène II l'avait comblé de bénédictions et de présents inestimables, en reconnaissance des grands services qu'il lui avait rendus, le prévôt de Saint-Médard, qui était fort attaché à son abbé, vint à sa rencontre, et, après les premières effusions de l'amitié et de la joie que causait cet heureux retour, Hilduin, plein du sentiment de son bonheur, se mit à raconter les particularités de son voyage, l'heureux succès de sa mission, où il avait réussi à concilier les intérêts de l'empereur et ceux du Pape. Il parla aussi des honneurs dont il avait été l'objet, de la dignité du Saint-Siége, du culte des saints dont Rome possédait une infinité de reliques, des combats récents de quelques-uns d'entre eux, de leurs noms, de leurs mérites; et, se complaisant dans tous ces souvenirs de la Ville éternelle, le vénérable abbé prolongeait son discours. Alors Rodoïn, se faisant l'interprète des religieux, lui dit :

« Mon Père et Seigneur, si j'ai bien saisi vos « paroles, vous avez dit : Que le Souverain-Pon- « tife vous avait toujours accordé ce qui pouvait « vous être utile ou agréable. Eh bien ! mettons-le « à l'épreuve, il ne vous refusera pas un de ces « saints dont vous parliez tout à l'heure, il don- « nera un collègue à saint Médard, votre protec- « teur et notre seul patron. »

L'abbé accueillit la demande de son prévôt, lui promit son appui et le chargea de négocier cette affaire; mais il voulut préalablement obtenir l'agrément de l'empereur.

Hilduin se mit donc en marche vers Aix-la-Chapelle, alors capitale de l'empire, avec Rodoïn et le cortége de comtes que Louis avait envoyés au devant de lui. Ce prince qui avait un grand désir de revoir Hilduin, lui fit l'accueil le plus gracieux, et le reçut encore avec plus d'affection que de coutume, lui et son cortége, en présence de la fameuse et célèbre impératrice Judith, son épouse.

Après qu'il eut entendu le récit de sa légation,

il le combla de présents magnifiques. Toute la cour partagea la joie de ses maîtres et revit Hilduin comme un père. Au milieu de cette espèce d'ovation, l'abbé de Saint-Médard n'oublia pas les ouvertures de Rodoïn, il en parla à l'empereur.

— Je ne dois pas, lui dit ce prince, improuver ce que propose ton ami qui est aussi le mien, car si ce projet réussit, il sera utile, non-seulement pour moi, mais aussi pour le royaume.

On mande Rodoïn pour savoir son sentiment sur le saint qui serait demandé :

— Je pense, dit le prévôt, qu'il faut demander saint Sylvestre, qui a été Souverain-Pontife, sauf le bon plaisir de votre très-sublime Majesté.

Les assistants, interrogés par l'empereur, sont tous de cet avis, et on forme des vœux unanimes pour la réussite de cette affaire, dont le soin est remis à Hilduin et à Rodoïn. Celui-ci regagne Saint-Médard, fait avec une rare activité ses préparatifs pour un si long voyage, réunit tout ce que le sol fertile de la Gaule produit de meilleur, se munit d'une grosse somme d'argent pour donner à sa légation le plus grand éclat, puis revient à Aix au temps fixé par l'abbé. L'empereur lui donna des lettres signées de sa main et scellées de son anneau, pour le pape Eugène, et lui recommanda de déployer toute son activité et toutes les ressources de son esprit pour obtenir le succès de la demande que contenaient ces lettres.

Tout étant ainsi préparé, l'ambassadeur reçut les embrassements de l'empereur et se mit en route ; mais il fallut bientôt changer de dessein. La nuit même de l'arrivée de l'ambassade à Langres, un pauvre malade, qui se tenait devant les portes de la mère église, s'étant endormi de fatigue, vit tout à coup lui apparaître un personnage environné d'une inénarrable splendeur, dont il ne pouvait supporter l'éclat; il fut saisi de frayeur; mais le personnage le rassura doucement et lui demanda s'il désirait sa guérison, et, sur la réponse affirmative du malade, le toucha d'une verge d'or qu'il tenait à la main et lui indiqua une hôtellerie en lui disant :

« — Va dans le faubourg, tu y trouveras des personnes qui vont à Rome ; mais dis-leur de ma part que le dessein qu'ils poursuivent n'est pas d'inspiration divine.

« — De quel nom, Seigneur, dit en tremblant le malade, voulez-vous être appelé ?

« — Je suis Sébastien, martyr, mort à Rome pour la confession de Jésus-Christ, où mon corps est demeuré jusqu'ici; qu'ils sachent que c'est ma dépouille mortelle qui leur est accordée par le Seigneur, et non celle qu'ils vont chercher.

« — Mais s'ils me demandent une preuve de ma mission, que ferai-je? reprit le malade.

« — Sois guéri, dit Sébastien en le touchant, voilà la preuve irrécusable que je te donne. »

Le malade se réveille, se sent guéri et se met à la recherche de l'ambassade à travers la ville et les faubourgs, publiant sa guérison opérée par le saint martyr. Ce fut une stupéfaction générale parmi tous ceux qui, depuis plusieurs jours, l'avaient vu mourant à la porte de l'église. Ayant trouvé ceux qu'il cherchait, il s'acquitta près d'eux de sa mission, et ils retournèrent vers Hilduin pour l'informer de cette aventure. Hilduin en donna connaissance à l'empereur qui, à sa prière, changea ses diplômes et demanda les reliques de saint Sébastien, au lieu de celles du grand pape saint Sylvestre.

Rodoïn, muni de ces nouvelles lettres, s'achemina une seconde fois vers Rome, et il y entra en 826, la treizième année du règne de Louis le Débonnaire, avec un grand cortége. Il commença, selon son adresse ordinaire, par visiter des évêques, des abbés et des nobles qu'Hilduin lui avait indiqués comme lui étant fort attachés et comme approchant facilement du Saint-Père, notamment Quirin, chargé de ces sortes d'affaires, Théophylacte, nomenclateur, c'est-à-dire introducteur près du Pape, et l'abbé Ingoald, qui, pour lors absent de Rome, y revint bientôt à son appel. Celui-ci approuva le projet et déploya toute son activité pour lui obtenir une audience du Souverain-Pontife ; mais les deux premiers, au nom de Sébastien, furent saisis de stupeur et déclarèrent, tout en protestant, qu'ils désiraient de tout leur cœur satisfaire aux ordres de l'empereur et à la demande d'Hilduin leur ami, mais qu'il serait impossible de laisser sortir de Rome son troisième patron, après les apôtres saint Pierre et saint Paul, sans qu'il y eût quelque tumulte. Quant à Rodoïn, que cet obstacle n'arrêtait pas, il employa les prières et les présents, insistant toujours au nom de l'empereur et de l'abbé de Saint-Médard, dont il leur promettait la faveur et leur indiquait la marche à suivre.

Enfin nos députés paraissent en présence du pape Eugène II, qui, fort malade alors et presque à l'extrémité, les reçut à son lit. Aussi n'y eut-il de présents à l'entrevue que Quirin et Théophylacte. Ils se prosternèrent devant le Saint-Père; ils baisent ses pieds, lui présentent leurs diplômes et s'efforcent par leurs discours de décider le Pape à leur accorder ce qu'ils demandent. Ils lui parlent de l'autorité de l'empereur, de la fidélité d'Hilduin et suppléent autant qu'ils peuvent à ce qui pouvait manquer à leurs lettres. Mais le Pape, lui aussi, à la lecture de ces lettres et à l'audition du nom de saint Sébastien fut comme foudroyé; il ne pouvait supporter l'idée du départ d'un si grand saint et si vénéré à Rome par le peuple, et la pâleur de son visage indiquait assez l'agitation de son âme. Puis, après un long et morne silence, il leur déclara qu'une telle entreprise était au-dessus de lui. Les envoyés alors redoublent d'instances, embrassent ses genoux, arrosent ses pieds de leurs larmes... Le Pape, ému de ces démonstrations, leur promet de consulter le Sénat, sans l'avis duquel il ne pouvait, disait-il, terminer une pareille affaire. Rodoïn prit à part Quirin et Théophylacte, les conjura de persister énergiquement à appuyer sa demande; ils le lui promirent, et on quitta le palais.

Partagé entre la crainte de perdre le corps de saint Sébastien et celle de perdre l'amitié de l'empereur et celle de l'abbé Hilduin qui lui avait rendu d'éminents services, le pape Eugène se trouvait dans une cruelle anxiété. Lorsqu'il proposa la chose en son conseil, l'avis général fut que le Saint-Père ne pouvait ni ne devait y consentir. Quirin et Théophylacte, gagnés par Rodoïn, furent seuls d'un avis contraire. Un vénérable évêque, nommé Jean, que le Pape consulta secrètement, se joignit à eux, ainsi que le comte Ingobert, grand ami d'Hilduin, qui avait beaucoup de pouvoir sur l'esprit d'Eugène, et qui promit même de supporter les frais de cette entreprise.

Il s'agissait de seconder cette minorité presque imperceptible, mais puissante; on n'y manqua pas. De nouveau on va se prosterner aux pieds du Saint-Père, on renouvelle avec instance la demande, qui est appuyée par tous les assistants. Le Pape, ému de pitié, accorde enfin, quoique en tremblant et malgré la majorité du conseil, le corps de saint Sébastien, et il chargea l'évêque de le délivrer aux députés. On passa une journée entière dans le jeûne et la prière, et le soir on se rendit au tombeau de saint Sébastien qui se trouvait dans les catacombes de son nom, à trois milles de Rome, où la pieuse Lucine l'avait enseveli et inhumé aux pieds des saints apôtres Pierre et Paul; il était facile d'y pénétrer. On y célébra les vigiles du saint martyr; le chant mélodieux des psaumes et des hymnes remplit ce lieu vénérable; la fumée des parfums s'élevait des encensoirs en forme de nuages odorants. On passa ainsi une grande partie de la nuit en prières; mais aussitôt que parurent les premiers rayons du jour, les Francs demandèrent que l'on fît sortir de l'église les Romains qui ne devaient pas assister à l'ouverture du tombeau. Ils avaient, en effet, remarqué dès leur entrée dans le chœur, pour les litanies, qu'ils s'insurgeaient contre l'entreprise, qu'ils prononçaient des malédictions contre le Pape, lequel, disaient-ils, gagné par argent, osait jeter un si grand patron hors de chez eux; qu'ils conjuraient le saint martyr de ne point se laisser enlever par ces ignobles Gaulois hors de sa douce et chère patrie, où il avait cueilli la palme du martyre et choisi le lieu de son repos.

Ces murmurateurs mis dehors, on ferme les portes de l'église, où les Francs restent seuls avec l'évêque Jean, l'abbé Ingoald et quelques clercs, et l'on pénètre jusqu'au sépulcre. Pendant ce temps-là, Jean, fatigué du jeûne et accablé de sommeil, s'était endormi sur un siége pliant. Il n'avait pas plutôt laissé tomber ses paupières, qu'un homme couronné de lumière lui apparut et lui dit :

« — O Jean, tu peux maintenant donner le corps du martyr Sébastien, car c'est l'ordre du ciel et la volonté du saint. Approche donc et mets sans crainte la main au tombeau. »

Mais voici que des globes de feu sortis du sépulcre roulent tout autour et l'empêchent à plusieurs reprises d'avancer. Le personnage qui lui était apparu le prit par la main et lui fit franchir le cercle embrasé.

En ce moment, un religieux nommé Wilhaire l'éveilla au milieu de cette effroyable vision et lui dit qu'il était temps d'opérer le mystère, qu'il n'y avait plus à hésiter, qu'on était déjà au tombeau. Jean se lève, revêt les ornements sacerdotaux, raconte sa vision et engage ses compagnons à procéder sans crainte. Sur-le-champ on mande l'oblationnaire qui seul, selon les usages romains, devait ouvrir le sépulcre. Celui-ci, après bien des hésitations et des refus de faire une chose qu'il regardait comme un sacrilége, encouragé par le vénérable Jean, saisit un instrument de fer et frappe le sarcophage à coups redoublés; et comme le monument était énorme et les pierres jointes avec du ciment indissoluble, il fallut que les assistants se joignissent à lui pour le briser. On ne fut pas plutôt parvenu au corps de saint Sébastien qu'il en sortit une odeur si suave et si céleste qu'on ne pouvait se lasser de la respirer, et qu'elle fit disparaître les exhalaisons infectes que répandait dans l'édifice un cadavre qu'on avait inhumé à l'entrée depuis dix jours.

Le corps saint fut enveloppé d'abord dans un drap de fin lin, puis dans de riches étoffes. Un clerc tourmenté de la fièvre fut guéri en le touchant. Toutes ces merveilles ayant été racontées au Pape, il ordonna au saint évêque Jean de délivrer le corps de saint Sébastien aux envoyés francs, ce qu'il fit avec empressement. Aussitôt on se met en marche vers Rome, au milieu d'un grand cortége de peuple et de clercs romains, où aux chants mélodieux du chœur se mêlaient les plaintes amères de ces derniers. Le Pape appliqua son anneau sur le corps saint qu'on déposa dans l'église de Saint-Pierre. Cependant on chercha à persuader à Eugène de ne donner seulement qu'un bras du saint martyr à ces étrangers et de garder le reste ; mais Ingoald, à qui ces menées ne purent échapper, les découvrit à Rodoïn, lequel redoubla de précautions, et sur-le-champ fit transporter sans obstacle les saintes reliques au monastère d'Ingoald qui se trouvait sur son chemin, et, dès le lendemain, il les fit partir pour la France.

Ce fut en vain que le Pape, dont l'ambassade n'avait pas pris congé, ordonna que les envoyés se présentassent devant lui avec les reliques de saint Sébastien ; ils se présentèrent, en effet, mais ils soutinrent que le corps saint était déjà en marche pour leur pays, et qu'il était impossible de satisfaire à sa demande. Le Saint-Père fut fort irrité de cette conduite ; mais il se laissa fléchir par l'intervention de leurs protecteurs, et leur donna, quoiqu'avec peine, sa bénédiction pour eux et pour l'empereur Louis. Enfin, toute l'ambassade se trouva réunie à quelque distance de Rome, fort joyeuse d'emporter son précieux fardeau. Elle avait aussi enlevé une partie des ossements du pape saint Grégoire le Grand, et une partie de ceux du saint martyr Tiburce.

Rodoïn se mit en route avec toutes ces saintes et précieuses reliques à travers l'Italie et la Gaule. Partout sur son passage, à Plaisance, au mont Saint-Bernard, en l'église de Grénant, au prieuré de Saint-Serein près de Faremoutier, à Coulomme près de Meaux, s'opérèrent de nombreux prodiges, dont le bruit précéda son arrivée à Soissons, qui eut lieu le 9 décembre de l'année 826.

L'entrée des saintes reliques fut vraiment triomphale. L'évêque Rothade Ier dit le Pieux s'avança au devant d'elles, et les reçut à la tête de tout son clergé et de toute la population soissonnaise qui s'était précipitée en foule hors des murs, faisant retentir les airs de douces mélodies. De l'endroit où l'on avait fait une station, à six milles de la ville, l'évêque après avoir baisé et vénéré les saintes reliques, les y transporta, et on les déposa successivement à la basilique majeure des saints martyrs Gervais et Protais, et au monastère de Notre-Dame, où on les reçut avec magnificence. Là, la foule était devenue tellement compacte qu'on pouvait à peine se mouvoir. On arriva enfin au bord de la rivière. Sur l'autre rive, c'était toute la communauté de Saint-Médard qui, à l'approche des saintes reliques, qu'on avait mises dans une barque, se prosterna à terre. Bientôt des chœurs de chantres les environnent et accompagnent les hymnes du son de toutes sortes d'instruments. Les uns portent de brillants étendards, les autres des croix resplendissantes d'or et de pierres précieuses de diverses couleurs ; ceux-ci des cassolettes et des encensoirs d'où s'échappent des nuages de parfums odorants ; ceux-là des chandeliers qui augmentent l'éclat du jour par leur brillante lumière. Arrivé à Saint-Médard, on déposa les précieuses reliques dans la crypte de la vieille basilique, près du tombeau du saint patron de l'abbaye.

Cette déposition de saint Sébastien fut accompagnée de nombreux miracles, surtout pendant la sainte messe et les offices qui furent célébrés par l'évêque Rothade. Berthe, sœur de l'empereur, était présente à la cérémonie, et, sur l'invitation du prélat, elle s'était tenue longtemps près de l'autel devant les saintes reliques, afin de pouvoir raconter toutes ces merveilles à son frère, comme témoin oculaire. Le lendemain, les prodiges et les miracles continuèrent, tandis que l'évêque du haut de sa chaire enseignait au peuple à aimer les saints et à marcher sur leurs traces en imitant leur sainte vie. Il en fut ainsi les huit jours suivants, pendant lesquels Rothade avait ordonné de faire des prières non interrompues auprès des saintes reliques. Un secrétaire du comte Rotfroid, un des pauvres infirmes que nourrissait le charitable comte de Soissons Gillebert, et un enfant que le vénérable évêque avait coutume de recevoir à sa table, y obtinrent tous les trois la guérison de leurs infirmités. Un nommé Gislent, colon du domaine de Chivres, appartenant à Saint-Médard, déjà très-infirme, ayant labouré son champ pendant la fête de la Translation indiquée par Rothade, malgré les observations de son voisin, fut tout à coup horriblement affligé et ne put obtenir sa guérison qu'en venant célébrer à Saint-Médard cette solennité. Aussi, ce fut bientôt en l'abbaye un concours immense que ne purent arrêter ni la longueur, ni la difficulté des chemins, ni l'intempérie des saisons. Il y venait des malades de toute la Gaule et même de la Germanie ; et le monastère, dit un vieil auteur, était tellement assiégé par la foule d'aveugles, de lépreux, de perclus, d'énergumènes, d'épileptiques, de lunatiques, etc., etc..., qu'on eût dit des nuées de sauterelles. Ils étaient tous guéris, non plus individuellement, mais par troupes de cinquante et plus, de tout âge, de tout sexe et de toute condition.

Rodoïn fait lui-même la relation de toutes ces merveilles qu'il adresse à Hilduin son abbé. On n'y compte pas moins de quatre mille cent soixante-dix miracles, nombre vraiment incroyable, s'il n'était confirmé par les auteurs contemporains, et s'il n'était certain pour qui a la foi, que Notre-Seigneur Jésus-Christ par l'intervention de la puissance divine, à laquelle toute créature est soumise dans le ciel et sur la terre, peut faire tout ce qui lui plaît pour l'honneur des saints qui ont souffert pour lui pendant leur pèlerinage en ce monde. Ce qui prouve encore la vérité de ces innombrables guérisons miraculeuses, ce sont les sommes immenses versées par la reconnaissance dans le trésor de l'abbaye.

« D'après le même Rodoïn, on remplit quatre-
« vingts boisseaux de pièces de monnaie, sans
« parler de bijoux, de colliers d'hommes et de
« femmes, des plats d'argent et autres vases, et
« neuf cents livres d'or en pièces monnoyées, et

« tout cela provenant des offrandes des pèlerins et
« des infirmes qui avaient obtenu leur guérison. »

Louis le Débonnaire voulut aussi visiter les reliques de saint Sébastien qui, en si peu de temps, avaient acquis une si grande célébrité. Il se rendit à Saint-Médard avec l'impératrice Judith et voulut fêter la Pâque de l'année 827 dans le château royal des Mérovingiens. A la troisième borne milliaire, avant d'arriver à la ville de Soissons, Louis se dépouilla de ses vêtements impériaux, ôta sa chaussure et continua sa route nu-pieds avec l'impératrice et tout son cortége, afin de témoigner son respect pour saint Sébastien dont il venait demander la protection pour lui et son empire. Hilduin, revêtu des riches insignes de la dignité abbatiale, vint à la tête de ses religieux les recevoir aux portes du château, leur adressa un discours et les conduisit au chant des hymnes vers l'église du monastère qui contenait les restes du saint martyr. L'empereur et l'impératrice, avant d'entrer dans le sanctuaire, se prosternèrent avec toute la cour la face contre terre, sur des tapis qu'on avait étendus. Après qu'ils eurent adressé des vœux et des prières au saint protecteur qu'ils venaient vénérer, ils entrèrent dans une salle, où ils reprirent leurs ornements impériaux, et revinrent à l'église avec toute leur suite en grand costume. L'empereur, le front ceint du diadème, monta sur un trône avec l'impératrice pour assister à une messe solennelle, chantée en l'honneur de saint Sébastien. Lorsqu'on fut à l'évangile, il prit de ses propres mains un riche calice d'or massif avec sa patène de même métal, orné du monogramme de Charlemagne, et, après l'évangile, il les porta lui-même à l'offrande pour les consacrer au saint. A la fin de la messe, l'empereur et l'impératrice se dépouillèrent de nouveau des ornements impériaux, puis s'avancèrent vers l'autel devant les saintes reliques et y déposèrent encore une lampe d'or massif d'une grandeur et d'un poids extraordinaire (48 sicles, c'est-à-dire, 2 kilogrammes), un encensoir du même métal, une vaste amphore d'huile pour le luminaire, et parmi une foule d'autres dons non moins riches, un texte, ou livre des Evangiles écrit en lettres d'or et orné de riches enluminures. Il était travaillé avec un art si fin et si merveilleux qu'on n'y trouvait pas deux pages ni deux colonnes qui se ressemblassent. Il était renfermé dans une couverture aussi riche que le texte même, par ses ornements en filigranes d'or le plus pur, la beauté de ses émaux et la rareté de ses pierres fines. Ce livre magnifique, produit de tout ce que l'art de la peinture et de la calligraphie bysantines avait de plus délicat, fut conservé dans l'abbaye ; mais, en 1168, sa superbe couverture fut remplacée par une autre en lame de vermeil. Il exista à Saint-Médard jusqu'à la révolution de 1793, il avait échappé au pillage de 1564 par les huguenots ou protestants de Genlis.

L'impératrice Judith ne resta pas en retard de l'empereur; elle versa tant d'or et d'argent entre les mains d'Hilduin, qu'il eut de quoi en faire forger trois grandes châsses d'or, pour y déposer le corps de saint Sébastien, les restes de saint Grégoire le Grand et ceux de saint Tiburce, et trente et une châsses d'argent pour y renfermer toutes les autres reliques honorées en grand nombre dans le monastère. Ces reliques que possédait Saint-Médard dans sa basilique lui avaient été procurées par les Papes, les rois et surtout par Hilduin, son zélé et infatigable abbé. Pendant le séjour de la cour à Saint-Médard, dix-huit personnes furent guéries en présence de l'empereur. Cependant les soins de l'empire l'arrachèrent à cette délicieuse solitude dont la magnificence religieuse et les miracles nombreux dont il venait d'être le témoin, avaient fait sur son esprit une vive impression. Son pélerinage avait duré seize jours. Ce prince avec sa suite quitta Soissons après l'octave de Pâques.

Outre toutes les richesses qu'avaient attirées à Saint-Médard les reliques de saint Sébastien, il y était arrivé une si grande quantité de présents en or, et en argent, et en pierreries, de la part de l'empereur, de l'impératrice, des princes, des princesses et surtout de Berthe, sœur de l'empereur, que l'abbé Hilduin résolut de joindre à tant de magnificences un chef-d'œuvre d'orfévrerie. Il fit fondre une énorme couronne d'argent d'une grandeur prodigieuse, chargée de fleurons, de candélabres et de figures de saints ciselées et enrichies de pierreries et de filigranes merveilleusement ouvragés. Cette couronne fut suspendue comme une lampe dans le chœur de la basilique des Saints-Médard et Sébastien, que l'abbé venait de faire reconstruire sur l'emplacement de l'ancienne église ; mais ce magnifique objet d'art, qui était d'un prix infini sous le rapport du travail et de la richesse intrinsèque, fut volé sept cent vingt ans plus tard, en 1544, par les soldats espagnols sous la conduite de Charles-Quint leur roi, et en 1564, vingt ans après, ce furent les huguenots ou protestants de Genlis, aujourd'hui Villequier-au-Mont, qui vinrent comme des forcenés prendre Soissons à l'improviste, y mirent tout au pillage, à feu et à sang. La cathédrale est encore lézardée à certains endroits, effet de l'incendie de cette époque de dévastation. Après la ville ils pillèrent aussi l'abbaye des Saints-Médard et Sébastien, brisèrent plus de trente châsses d'or et d'argent, en enlevèrent les fragments, jetèrent avec mépris dans les fossés toutes les reliques qu'elles contenaient et en brûlèrent même une partie.

Aussitôt après l'éloignement de ces hérétiques sacriléges, on recueillit avec respect toutes ces saintes reliques et on les conserva, une partie dans l'église de Notre-Dame de Soissons et l'autre à Saint-Médard, qu'on avait un peu restauré après le sac et l'incendie de ces fanatiques. Dans la suite, et déjà à ce moment, quelques paroisses privilégiées reçurent une part des précieux restes des saints martyrs, comme celle de Cœuvres, dont saint Médard est le patron, et qui obtint quelques parcelles ; elle en eut aussi de saint Sébastien, par l'ancienne abbaye des Prémontrés de Valsery, qui elle-même les tenait de Saint-Médard-les-Soissons, et c'est de Cœuvres que Montigny-Lengrain, en 1855, en obtint à son tour de saint Sébastien pour sa confrérie. Cette précieuse relique provenant de l'abbaye de Saint-Médard, puis de celle de Valsery, et enfin de la paroisse de Cœuvres, est une partie de l'omoplate ; elle est placée dans le baiser-de-paix, pour la majeure partie ; le reste, c'est-à-dire quelques parcelles détachées sont scellées dans un second tombeau pratiqué à gauche du premier dans la pierre en marbre de la chapelle de la confrérie érigée en l'honneur du saint martyr.

TROISIÈME PARTIE

CONFRÉRIES DE SAINT SÉBASTIEN

Les confréries érigées en l'honneur de saint Sébastien sont très-nombreuses et très-anciennes; l'érection de la première de ces confréries est attribuée à l'évêque de Soissons, Rothade le Vieux, en 826; d'après une bulle du pape Eugène III, il en établit le siége en l'abbaye des Saints-Médard et Sébastien, et ce fut là aussi l'origine de la Compagnie de l'Arc-de-Soissons, mère de toutes celles qui se formèrent dans la suite par toute la France. La bulle de Paul Ier, donnée en confirmation de celle accordée par Eugène III, constitue l'abbé de Saint-Médard chef spirituel et temporel de la confrérie, tandis que Louis le

Débonnaire lui conférait le titre de grand maître de la Compagnie de l'Arc-de-Soissons et de toutes les compagnies qui s'érigeraient en France et dans tout l'empire. En effet, toutes ressortirent de celle de Soissons, et c'était à son tribunal et à sa juridiction établis à Saint-Médard que furent portées toutes leurs causes et contestations.

Les devoirs des premiers chevaliers-confrères de saint Sébastien consistaient, dans l'origine, à garder jour et nuit les saintes reliques et la basilique où elles reposaient, laquelle était sans cesse envahie par l'affluence des pèlerins. Lorsque dans la suite des temps, cet office, tout militaire, eut cessé pour faire place à une société purement de parade et de jeu, on ne put être admis au nombre des chevaliers avant d'être reçu membre de la confrérie. Ce fut, du reste, comme nous venon de le dire, la première association de cette espèce établie en France, et c'est elle qui donna naissance aux autres confréries. Elle admit dans son sein les plus grands seigneurs de la province et même les rois de France, qui lui accordèrent d'éminents priviléges, tels qu'exemption d'impôts et de subsides, qui finirent par être réduits à la seule personne de celui qui obtenait le titre de roi au tirage de l'oiseau. Pour le reste de la compagnie, ces priviléges se réduisirent au droit de paraître sous les armes avec l'étendard du saint martyr, dans les cérémonies publiques, et d'avoir le pas sur les milices bourgeoises. Par le moyen de ces associations, le culte de saint Sébastien s'était répandu dans tout le diocèse de

Soissons, dans tout le reste de la France et même
à l'étranger, en Germanie et en Angleterre, avant
que l'hérésie n'ait pénétré dans cette île, autrefois l'île des Saints. Il n'y eut presque pas une paroisse qui n'eût un autel ou une chapelle sous
son invocation avec une confrérie; et beaucoup
même, pour être plus spécialement sous la protection de ce glorieux martyr, le prirent pour
patron titulaire, comme dans le seul diocèse de
Soissons, Brugny, Saulchery, Tigny, etc., etc...
D'autres le prirent pour patron secondaire,
comme Montigny-Lengrain, Vauxaillon et autres.
Dans tous les temps, et surtout dans les temps de
calamités, ce n'a jamais été en vain que plusieurs
villes, plusieurs pays, plusieurs provinces l'ont
invoqué. Rome en 680, Milan et tout le Milanais
en 1575, Lisbonne et tout le royaume du Portugal
en 1599, affligés de la peste, ont été redevables
à sa puissante intercession auprès de Dieu de la
délivrance de ce fléau. Aujourd'hui encore, saint
Sébastien est un des saints dont le culte est le
plus populaire. Dans un grand nombre d'églises,
on honore ses images; ses confréries se sont relevées dans beaucoup de localités, comme à
Jaulzy (Oise), à Vassens, à Nouvron-Vingré, à
Cuisy-en-Almont, et surtout à Montigny-Lengrain,
où il existe une confrérie qui est, peut-être, la
plus importante de toutes celles qui restent de
ces pieuses institutions. Pour celle-ci, elle n'a
presque jamais été interrompue depuis son origine, et son origine se perd dans la nuit des
temps. Elle remonte, sans nul doute, au siècle de

la gloire de Saint-Médard, et nos rois de France se firent souvent un honneur d'être chevaliers de la compagnie de l'Arc-de-Soissons et membres de la confrérie, comme quatre rois successifs l'ont été, de 1547 à 1589, c'est-à-dire Henri II et les trois Valois ses enfants, François II, Charles IX et Henri III.

Les compagnies de l'Arc, dans leur origine, comme nous l'avons vu, étaient tout à la fois des institutions militaires et religieuses; mais, par la suite et peu à peu, elles perdirent ces deux beaux titres. Pour le titre militaire, il a été perdu depuis longtemps, et peut-être que l'invention de la poudre, du fusil et du canon, armes plus meurtrières que la flèche et le javelot, en furent en partie la cause, toujours est-il qu'aujourd'hui, les compagnies de l'Arc ne sont plus que des compagnies du Jeu-d'Arc. Pour conserver le prestige religieux, on obligea les chevaliers de l'Arc à se faire recevoir membres de la confrérie de saint Sébastien, s'il y en avait une établie dans le lieu, suivant les règles canoniques, sinon, dans la plus voisine, ou dans celle du chef-lieu à Saint-Médard même, comme le prescrit le second des soixante-dix articles des statuts et règlements généraux pour toutes les compagnies du noble jeu de l'arc et confrérie de saint Sébastien dans tout le royaume de France, lesquels ont été donnés en 1733 par l'abbé de Pomponne, alors abbé de Saint-Médard. Cependant ces compagnies apparaissent encore quelquefois dans les cérémonies religieuses; mais leur éclat est bien éclipsé là où il y a une compagnie de sapeurs-pompiers bien équipée et bien organisée ; aussi les compagnies du Jeu-d'Arc ont-elles bien perdu de leur importance dans beaucoup d'endroits, et bientôt elles auront diparu de tout le Soissonnais. Pourtant elles sont encore en grande vigueur et en grande considération dans les diocèses de Beauvais, de Cambrai, d'Arras, d'Amiens, de Meaux et même de Paris, etc. ; on dit même qu'il en existe encore en Allemagne et en Angleterre.

Mais revenons à l'importante confrérie de saint Sébastien de Montigny-Lengrain, dont la fête se célèbre chaque année le 20 janvier au milieu d'une si grande affluence de peuple, tant de la paroisse que des pays circonvoisins, que l'église devient, chaque année, de plus en plus trop petite pour contenir la multitude que l'intempérie de la saison, comme il arrive souvent à cette époque de l'année, les frimas, la neige et le verglas ne peuvent empêcher de venir à ce beau et important pèlerinage. Par les titres de la confrérie de Montigny-Lengrain, je n'ai pu, malgré mes recherches, remonter au delà de 1641 ; j'ai vu dans de vieux registres de la commune, autrefois registres de l'église, qu'un malade nommé Philippe Chouy donna en cette année quelque chose par testament à la confrérie, dit-il, de *Monsieur saint Sébastien;* ce qui prouve que la confrérie de saint Sébastien existait avant cette époque. Le premier registre de la confrérie que je trouve dans les archives paroissiales, ne remonte qu'à l'année 1749, et il est dit, en tête de ce registre, que ladite confrérie *est fort ancienne*. Depuis cette date de 1749, il n'y a eu aucune interruption pour la reddition des comptes de la confrérie de chaque année, pas même pendant les années de la tourmente révolutionnaire de 1793, excepté seulement les deux années 1794 et 1795, pendant lesquelles les églises ont été fermées et les curés cachés, exilés ou massacrés. Un nouveau registre pour inscrire les noms des membres de la confrérie a succédé à celui de 1749, en 1806, et à celui de 1806, il en a succédé un troisième pour 1870 et les années suivantes. Les anciens statuts, par lesquels la confrérie de saint Sébastien de Montigny-Lengrain a été érigée canoniquement la première fois, ont été perdus dans la suite des trmps, et ça été sur la demande de *cent cinquante* membres dont se composait alors ladite confrérie (1), que Monseigneur Jean-Claude Leblanc, de Beaulieu, évêque de Soissons, en a donné d'autres par lesquels il rétablit la confrérie de saint Sébastien dans l'église de Montigny-Lengrain, et ces statuts, qui existent encore, sont transcrits en tête du registre de 1806 et aussi dans le registre de la confrérie à perpétuité, dont nous allons parler en terminant ce petit opuscule.

En arrivant à Montigny-Lengrain, dont je venais d'être nommé curé dans le dernier mois de l'année 1851, je sus tout de suite apprécier la

---

(1) La confrérie de Montigny compte aujourd'hui, en 1871, près de 1,000 membres dont déjà 300 sont de la confrérie à perpétuité.

belle et importante confrérie de saint Sébastien, que j'étais heureux de trouver établie canoniquement dans ma nouvelle paroisse. Pendant dix ans j'ai employé tout mon zèle pour en soutenir l'éclat; mais, malgré tous mes efforts, j'allais la voir décliner; déjà une grande moitié, je dirai même les deux tiers de ses membres ne s'acquittaient plus de leur annuité; avec la décadence des pratiques religieuses déclinait la confrérie. J'ai donc pensé à chercher un moyen efficace pour maintenir notre belle confrérie. Pendant trois ans, j'ai tout fait, tout tenté et tout enduré pour cela; et après bien des démarches à l'évêché et ailleurs, je suis enfin parvenu à faire approuver l'établissement de la confrérie à perpétuité, qui ne change en rien ni le but, ni l'esprit de la confrérie primitive. La confrérie est toujours la même; il n'y a de changement que dans le mode de s'acquitter, et seulement pour ceux qui le veulent; car chacun est libre ou de payer sa petite annuité, comme par le passé, ou de s'acquitter en un seul payement. Ce nouveau mode est bien plus sûr pour l'avenir de la confrérie et plus commode pour les membres qui l'adoptent. Comme il y a incontestablement plus de mérite à donner tout de suite le capital, qu'à n'en servir que la rente, on a accordé à ce versement unique une faveur qui est d'avoir part à une messe basse dite chaque mois pour le repos de l'âme de tous les membres défunts qui auront donné, ou pour qui l'on aura donné 6 francs au moins, afin de constituer une rente perpétuelle en leur faveur. J'ai donc, en 1863, obtenu de Monseigneur Jean-Joseph Christophe, évêque de Soissons et Laon, que les anciens statuts de la confrérie de saint Sébastien de Montigny-Lengrain fussent modifiés par lui et suivant ce nouveau mode, et ceux qui l'adoptent sont nommés : membres de la confrérie à perpétuité.

DIOCÈSE DE SOISSONS ET LAON

FAVEUR ACCORDÉE A LA CONFRÉRIE DE SAINT SÉBASTIEN DE MONTIGNY-LENGRAIN.

Jean-Jules DOURS, par la miséricorde divine et la grâce du Saint-Siége apostolique, évêque de Soissons et Laon, doyen et premier suffragant de la province de Reims, assistant au trône pontifical,

Vu les statuts approuvés le 4 février 1863 par Monseigneur Christophe, notre vénérable prédécesseur, d'une confrérie rétablie le 14 janvier 1806, dans l'église de Montigny-Lengrain en l'honneur du martyr saint Sébastien,

Sur la demande à nous adressée par M. l'abbé Philipoteaux, curé de Montigny-Lengrain,

Nous avons accordé et accordons par les présentes une indulgence de quarante jours en faveur des membres de la Confrérie de saint Sébastien, pour tous et chacun des actes de religion et œuvres de charité recommandés par les statuts de ladite Confrérie.

Donné à Soissons, sous notre seing, le sceau de nos armes et le contre-seing du secrétaire de notre évêché,

Le 29 avril 1871,

† Jean-Jules, évêque de Soissons et Laon.

Par mandement de Monseigneur,

Ledouble, secrétaire.

DIOCÈSE DE SOISSONS ET LAON

STATUTS DE LA CONFRÉRIE.

Jean-Joseph CHRISTOPHE, par la miséricorde divine et la grâce du Saint-Siége apostolique, évêque de Soissons et Laon, doyen et premier suffragant de la province de Reims;

Vu l'Ordonnance épiscopale, en date du 14 janvier 1806, rétablissant canoniquement, dans l'église de Montigny-Lengrain, la Confrérie de saint Sébastien, martyr, qui y était précédemment érigée depuis un temps immémorial;

Vu la requête à Nous présentée par M. Philipoteaux, curé de Montigny-Lengrain, au nom des membres de ladite Confrérie, aux fins d'obtenir de Nous quelques modifications dans les Statuts de 1806 de ladite Confrérie;

Vu le désir qu'un certain nombre de membres

de ladite Confrérie ont manifesté de donner une somme fixe, une fois versée, comme plusieurs l'ont déjà fait depuis 1860, au lieu d'être astreints à payer chaque année une annuité de 30 centimes, comme le porte l'article 5 des Statuts de la Confrérie ;

Considérant que ce mode proposé serait plus avantageux, tant à la Confrérie elle-même, en lui assurant un revenu permanent et perpétuel, qu'aux membres de ladite Confrérie, en facilitant une fondation perpétuelle de prières établie en leur faveur ;

Nous avons modifié et modifions ainsi qu'il suit les anciens Statuts de 1806 de la Confrérie de saint Sébastien, de Montigny-Lengrain :

ARTICLE PREMIER

M. le curé de Montigny-Lengrain sera le président de ladite Confrérie, et personne ne pourra y être admis sans sa participation.

ARTICLE SECOND

M. le curé, président, nommera, destituera ou renommera à son gré, tous les ans, le trésorier de ladite Confrérie.

ARTICLE TROISIÈME

Le trésorier recevra tous les dons et oblations reversibles à ladite Confrérie, en acquittera les charges en se conformant, pour celles qui en seront susceptibles, au tarif de notre diocèse, et tiendra son compte par chapitres de recettes et de dépenses, lequel compte il rendra tous les ans, le mercredi des Cendres, après la grand'messe, en présence de M. le curé, de quelques-uns des plus anciens confrères et de tous les membres du Conseil de fabrique, lequel Conseil de fabrique devra relater tous les ans, sur son budget, les recettes et les dépenses de la Confrérie, ou du moins le total, pour être chaque année approuvé et autorisé par Nous.

ARTICLE QUATRIÈME

Toutes les personnes professant la religion catholique, apostolique et romaine, de quelque âge, de quelque sexe, de quelque paroisse qu'elles soient, sont admissibles dans ladite Confrérie.

ARTICLE CINQUIÈME

Chaque membre, lors de son admission, acquittera, entre les mains du trésorier, une somme qui ne pourra être moindre que celle de 60 centimes, et tous les ans, à titre d'annuité, moitié de cette somme. Chaque membre pourra se libérer de cette annuité en versant, une fois pour toutes, la somme de 6 francs au moins, laquelle somme, placée en rente par la fabrique sur l'Etat ou ailleurs, produira à perpétuité un revenu de 30 centimes ou à peu près, en faveur de la Confrérie, au nom du membre qui aura versé ce capital.

ARTICLE SIXIÈME

La fête de saint Sébastien (quoique non chômée mais simplement à dévotion) se célébrera, le jour auquel elle tombe, avec la plus grande solennité possible; elle ne sera pas remise lorsqu'elle tombera le dimanche, et son office tiendra lieu de l'office paroissial : il sera terminé par le salut solennel du Très-Saint-Sacrement, lequel sera toujours précédé d'une instruction analogue.

ARTICLE SEPTIÈME

Les trois jours qui précèdent le Carême on fera, aux frais de la Confrérie, les prières des Quarante heures, on ajoutera à chacun des saluts l'oraison marquée : *Pro D° D° Episcopo* (pour Monseigneur l'évêque), et le dernier de ces saluts sera précédé par une procession du Très-Saint-Sacrement dans l'église ou sur le cimetière.

ARTICLE HUITIÈME

Il sera fait tous les ans, le 2 et le 21 janvier, un service solennel pour tous les membres décédés, et un service particulier pour chacun de ceux qui décéderont, le plus tôt possible après leur décès.

ARTICLE NEUVIÈME

Il sera dit tous les mois, au gré de M. le curé, deux basses messes, aux frais de la Confrérie, l'une à l'intention de tous les les membres vivants, et l'autre pour le repos de l'âme de tous les membres défunts qui auront donné 6 francs pour constituer une rente perpétuelle en leur faveur, ce qui équivaudra à une fondation. Ces deux messes seront toujours annoncées au prône, et tous les membres de la Confrérie se feront un devoir d'y assister, s'ils le peuvent, et sinon de s'unir, du moins d'intention, aux prières du prêtre.

ARTICLE DIXIÈME

Tous les membres accompagneront, autant qu'il leur sera possible, le saint Viatique lorsqu'on le portera à l'un d'entre eux, et assisteront à son convoi, à moins d'en être légitimement empêchés.

ARTICLE ONZIÈME

Tous les membres se rendront réciproquement, mais surtout en maladie, tous les secours spirituels et corporels d'une vraie charité.

ARTICLE DOUZIÈME

Ils s'édifieront les uns les autres par la piété de leurs mœurs et de leur conduite, par une fréquentation plus assidue des offices et des sacrements, et se rappelant que leur généreux patron a versé son sang pour la foi, ils conserveront avec un saint courage cette foi sans tache qu'ils ont reçue de leurs pères, et qui doit les conduire eux-mêmes au port du salut.

ARTICLE TREIZIÈME

Et seront les présentes modifications, lues avec les Statuts, tous les ans, au prône de la Messe paroissiale, le dimanche qui précédera la fête de saint Sébastien et portées sur le registre des délibérations et actes de la Confrérie.

Donné à Soissons, sous notre seing, le sceau de nos armes et le contre-seing du secrétaire de notre Evêché, le 4 février 1863.

JEAN-JOSEPH,

✝ Evêque de Soissons et Laon.

Par mandement de Monseigneur,

Ch.  Brulé, secrétaire.

TABLE

Pages.

Avant-Propos 3

PREMIÈRE PARTIE

I. — Lieu de sa naissance 9
II. — Il est soldat 13
III. — Son double martyre 19

SECONDE PARTIE

Reliques de saint Sébastien 25

TROISIÈME PARTIE

Confréries de saint Sébastien 45
Diocèse de Soissons et Laon. — Faveur accordée à la confrérie de saint Sébastien 53
Diocèse de Soissons et Laon. — Statuts de la confrérie. 55

TYPOGRAPHIE ET LITHOGRAPHIE RENOU ET MAULDE
144, rue de Rivoli, 144.   11641

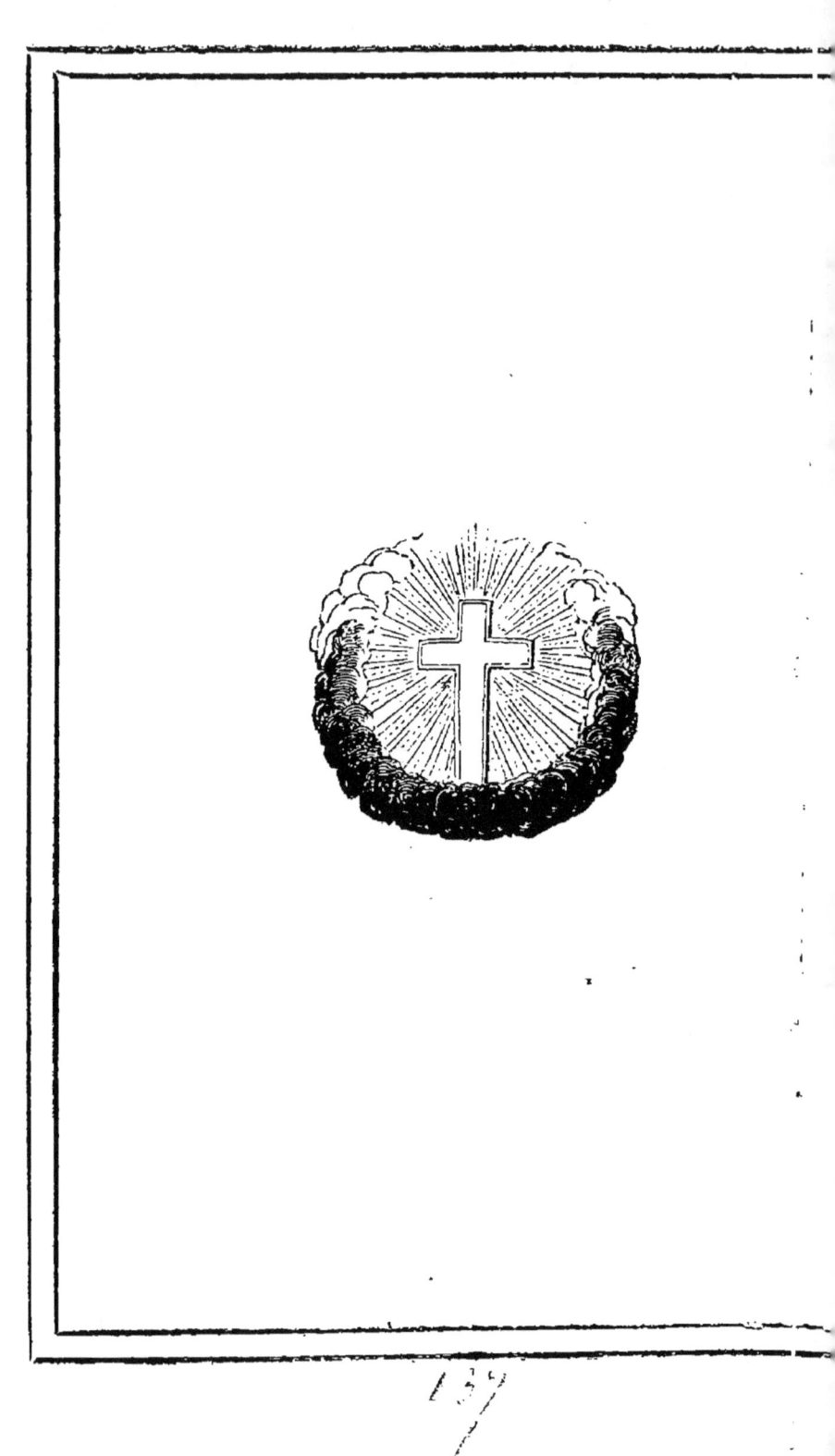

www.ingramcontent.com/pod-product-compliance
Lightning Source LLC
LaVergne TN
LVHW021731080426
835510LV00010B/1198